雲情 李重光

二〇十七年 五月

雲情

이 도서의 국립중앙도서관 출판시 도서목록(CIP)은 서지정보유통지원시스템 홈페이지(http://seoji.nl.go.kr)와 국가자료공동목록시스템(http://www.nl.go.kr/kolisnet)에서 이용하실 수 있습니다(CIP제어번호 : CIP2017018366).

花香千里

雲情 李重光

圖書出版 修書院

약 력

운정(雲情) 이중광(李重光)
충북 충주 출생

전) 국가공무원 서기관
전) (주)문화방송 부장
현) (주)플로리쉬이엔씨 대표
현) 한국생활문학회 운영이사
현) 한국문인협회 회원

녹조근정 대통령 훈장 포상
대통령 경호실장 표창
(주)문화방송 사장 표창
한국생활문학 시인상 등단

〈저서〉

라일락 꽃피는 마을 시집
카네이션 시집
花香千里 시집

차 례

Ⅲ. 첫 사랑

Ⅳ. 경사慶事

Ⅰ. 봄소식

봄의 찬가(讚歌)

봄은 꿈이요
청춘(青春)이란다

벚꽃 낭만
흩날리는데

유채꽃 물결
춤을 추누나

금수강산(錦繡江山)에 피어나는
만물의 소생

청춘의 꽃 향기
그윽하고나

바람을 가르고
날아오는 꽃내음

깊어 가는 人生
희망과 환희(歡喜)
사랑을 안겨주네

봄春날이 온다

엄동설한嚴冬雪寒
매서운 칼바람
정이월正二月
고개 넘어 화정花井 마을
우물가에는
앵두랑, 매화랑 복사꽃 망우리가
밀려가는 겨울을 버리고
봄(春)맞이가 한참이구나

눈 녹은 맑은 물
졸졸졸 실개천에 흐리고
얼음속 흐르는 물가에
잠에서 깨어나 개구리 한 마리
햇볕 그리워
눈을 깜박이며 앉아 있구나.
초가마을 미루나마에 한 쌍의 까치
둥지 짓느라 분주하구나

화향花香

청산靑山에
만개한
개나리 진달래

봄 향기
그윽한 유채꽃 물결

푸르른
보리밭
남향 이백리

한 많은
인생사人生事
바람에 날리고

긴 머리
나풀 나풀
나비 같이 날아가네

내 사랑

사랑
사랑
내 사랑
어디에 있나.

나비도
한 쌍지어
꿀을 따는데
내 사랑 찾아서
꿀사랑 해야지

사랑
사랑
내 사랑
어디에 있나

제비도
한 쌍지어

집을 짓는데
내 사랑 찾아서
꽃집 지어야지

화향천리花香千里

버들피리
불면서
꽃
따러 가자
나비 따라
훨 훨
화향천리 길

댕기 머리
빨간 리본
찰랑 찰랑
꽃 한 송이 입에 물고
구름따라
훨 훨
화향천리 길

산들 산들 봄바람

라일락 향기 그윽한
우리마을 꽃동산
실개천 맑은 물
버들강아지 꽃 피우고
실버들 파릇파릇
춘풍春風에 춤을 춘다

먼산 들녘
나물캐는 아낙들
아지랑이 아롱아롱
노고지리 우짖는다
차디찬 어름 땅
새싹 티우는 생명들

산들 산들 봄바람
청자 빛 하늘
뭉게구름 흘러가고
눈부신 태양太陽
잠자는 산천山川
도닥이며 잠 깨운다.

청산靑山에 구름 가듯

산들 산들
봄 바람
버들강아지
눈 트고

청자 빛
맑은 하늘
물찬 제비
나른다

보리밭
들판에
장끼 한 쌍
노닐고

청산靑山에
구름 가듯
가는 나그네
멀리서 가물 가물 흘러 가누나

봄날은 간다

보리밭 푸르른 들판
아지랑이 아롱아롱 손짓한다

구부러진 들판길 들꽃이 피어나고
달구지 끌고 가는 엄마소
망아지가 음매 음매 따라가네

콧노래 부르며 풍요를 기원하는 농부
막내딸 시집 보낸다고 희희낙낙

종다리 높이 날며 지지배배
세월과 함께 흘러가는 뭉게구름
한 해의 봄은 간다.

희망希望의 봄

노루산 중턱에
뭉게 구름이
종다리 노래따라
흘러 가누나

산들 산들 봄 바람이
꽃을 피우는
졸랑 졸랑 실개천에
물고기가 논다

철새떼 나는
푸르른 들판
부지런한 농부들의
농기구 소리

꽃바구니
옆에 끼고 희희낙락 아낙들
냉이, 쑥 캐지만
마음은 님 생각

영춘화迎春化 피는 새길을 간다

맑은 물
흐르는
실개천
건너

냉이
쑥 파란
논뚜락
밟으며

아스팔트 대로大路 건너
영춘화迎春化 피는
마을
새길을 간다

※ 영춘화(迎春化)는
① 중국이 원산지고
② 개나리 비슷하게 노란꽃이 피고 잎보다 꽃이 먼저 핀다.
③ 개나리보다 보름쯤 먼저 피고 꽃잎은 6개로 갈라진다.

꽃바람 부네

바람 따라
춤 추는
유채꽃 들판

봄바람
지나가는
산골마을

갑순이
시집간다
꽃바람 부네

바람따라
춤 추는
출렁이는 물결

꽃바람
지나가는
푸른 들판

일하는

농부에게

꽃바람 부네

Ⅱ. 모정母情

모정母情

나를
나으시고 키워주신
세월 삼십년
어머니 희수喜壽 잔칫날

쭈그러지고 거친
지문指紋이 다 지워진
어머님 손 꼭잡고
건강하게 오래 사세요.

세월이
한恨스러워
눈시울이
뜨거워진다.

휠체어(Wheel chair)
타고 계신 어머님 이마에
깊이 파인 주름 어루만지며
회상해 본다.

어린시절 복사꽃이 만개한 어느 봄날
나를 유모차乳母車에 태우시고
초콜릿 한 조각씩 주시며
달래 주시던 어머니

왜 이리 늙으셨어요.
울적한 마음 가눌 길 없어
바람같이 흘러가는 세월 원망스러워
힘없이 휠체어를 밀어본다

겨울밤

찬 바람이 분다.
파르르 문풍지 떠는 소리
입동立冬이란다

초저녁
잠시 밝혔던 백광등
꺼진지 오래고
희미한 석유등잔 초롱불이 방을 밝힌다

하루 일하고
숙소로 돌아가는 골목길
여인의 구두소리
멀어져만 간다.

"호박범벅" "총각김치"
저녁을 때우고
한 이불속
히히덕거리는 동생들

희미한 초롱불 아래
이야기책 읽으시는
어머니

메밀묵 사려! 찹쌀떡!
골목에 퍼지는 구슬픈 목소리
가난한 시절
군침만 돈다

자정子正을 알리는
벽시계
댕 댕 댕 자장가를 불러주네

한恨 많은 요양원療養院

장맛비가 오락가락 하는 7月
회갑이 넘은 아들이
구순의 노모老母를
손수레에 태우고
구부러진 등선길을 넘어간다
뒤에 따라가는 어린아들
아부지! 할머니 어데로 가는거야?
응! 우리집보다
크고 좋은 집에 모시려고 가는 거란다

막노동꾼의 일당 팔만 원
단칸방 월세 주기 바쁘다.
세 식구 연명하기 겨워
노모를 요양원으로 모시기로 결심하였다

들꽃이 노랗게 피어있고
잣나무 위를 빠르게 옮겨 다니는 청설모
우리를 반겨준다.
계곡 산사山寺에서 들려오는 목탁소리
은은히 들려온다.

오지奧地 언덕에
삼층 건물이 외롭게 자리한 '요양원'
2층 창가방에 잘 모시기로 하였다
어머니! 넓고 조용한 좋은 곳입니다
편안하게 잘 계세요

어린 아들과 같이 요양원을 나왔다
창문을 여시고 어머니가 눈물을 흘리시며
아들아! 잘가거라
넘어질라. 조심하여라

어머니 편히 계세요
작별인사를 하고 하향하는 길이
눈물에 앞을 가려 발걸음이 떨어지지 않는구나
바람에 나뭇가지가 흔들리고
산천山川도 우는구나

하늘은 캄캄해지고 장맛비가 오려나보다
구불구불한 비포장길 나무 위에는
산 비둘기 한 쌍이 우리의 하향길을 안내하듯
꾸룩 꾸룩 울어댄다

요양원에 모신지 삼 개월
어머니는 돌아가셨다.

서러워 한없이 울어 보지만
다시는 뵙지 못할 어머님 얼굴
불효자를 용서하세요
하늘나라에서 편히 계시기를 기원합니다

앞산에 까치떼도 요란하게 울어대고
흘러가는 구름도 서러워
부슬비를 내리는구나

추억追憶의 왕사탕

6·25 전화戰禍로
폐허가 된 마을
사탕수수, 칡뿌리 캐어
단맛 보던 시절

어머니는 청산靑山에 능금따러 가시고
조용한 동네 골목 엿장수 나타났다.
"울릉도 호박엿
달콤한 왕사탕 사려…"
짤깍 짤각, 엿장수 가위소리

떨어진 신발짝
유리병, 철사조각 찾아들고
이집 저집에서
아이들이 뛰어나온다

왕사탕 하나 바꿔
남매가 서로 싸운다
반 조각씩 나누어 입에 넣고
좋아라 덩실댄다.

미군 트럭 따라가며
"쵸코렛드 기부미"하고 아우성치던 그 시절
오늘의 풍부한 우리의 삶
고맙고 감사한 마음으로도 기도하자.

추억의 사진첩(Photo album)

소리없이
함박눈이 내리는
겨울 밤
하늘에 계시는 어머님
사모치게 그리워
사진첩 한 장 한 장 넘겨본다

어린시절
어머님 품에 안겨
재롱 부리던 모습
면사포面紗布 쓰고
결혼식 하던
즐겁던 순간

어머님 회갑날
우리식구들 모여
'김치'하며 "찰칵"하던 날
내손 꼭 잡으시고 미소짓던
어머님 모습

아버지 돌아가시던 날
추억의 사진첩 넘기시며
남는 것은 사진 뿐이로구나

내가 저승에 가면
이 사진첩 너희들이 넘겨 보겠구나

복 바치는 서러움
참을 길 없이
어머님 언제 오시나요
소리쳐 봅니다

창밖
뒤뜰
복사꽃 가지에 피어있는
하얀 눈 꽃송이
서러움을 달래주는구나

목화木花 꽃다발

재래시장 잡화상 옆자리
연탄불 하나 의지하고
생선장사하시는 어머니
오늘도 우리 딸 안녕을 빌며 기원한다

고삼高三 졸업반 딸
수능시험 준비 바쁘다
어머니 밥상 차려놓고
학교를 간다

수능시험 보는 날 싸늘한 날씨
교문 밖에서 우리 딸
좋은 성적 얻게 하여 주소서
하느님께 빌고 계신 어머니

남편과 같이 손수레 끌고 붕어빵
장사하던 시절 딸이 태어났고
성인병으로 세상 떠난 남편
고생하며 키운 딸 이제 다 컸구나

학교 수능시험 성적 좋아
서울에 있는
집 근처 대학에
진학하게 되었구나

시어머니 생존시 모아 놓은
목화木花송이 곱게 골라
앞산 복사꽃 몇송이 꺾어
정성껏 만든 목화 꽃다발
즐거운 마음으로 딸 졸업식장으로 가는 어머니

노란색 매직 파마머리 흩들며
돈 꽃다발 몇 개씩 들고
서성이는 엄마들
오만원권 말아서 만든 꽃다발
좋아 날뛰는 졸업생 아이들
꽃송이 돈 조각이 떨어져 날린다

엄마가 주신 목화 꽃다발
이렇게 예쁘게 만드셨어요
금金 꽃보다 더 예뻐요 어머니
두 모녀 부둥켜 안고 끝일줄 모르는 눈물 흘린다

목화木花 꽃다발은
영원히 피어있는
어머니 마음의 꽃다발이잖아요

먹보의 서울 구경求景

시골 노老총각 '먹보'
서울 구경 왔노라
시장기가 돌아
식당을 찾는데

시장판을 들여다 보니
아줌마 칼국수
맛나 맛나 갈비탕
먹거리 백일장
아이구 맛있어 꿀떡
목포 아구탕
유명 보신탕
할매 수제비
사또 족발
먹자 먹자 떡갈비
엄마 나 국밥
지고 갈래 먹고 갈래
도리네 보쌈

아이고 밥집도 많기도 하네
꿀꺽 꿀꺽 침을 삼키며
그래도 '엄니 꿀떡집'이 제일이로다.

손자 동진이에게

여름 방학이다! 얼마나 신이 나겠니?

방학은 집에서 놀기만 하라는 게 아니란다.

날씨가 무더워서 잠시 학교에서 선생님의 가르침을 쉬고 집에서 부모님 말씀을 잘 듣고 학교에서 못다 배운 공부를 보충해야 한단다.

지난 일요일 친할머니 생신날, 버스터미널에 위치한 "토다이 뷔페"에서 너희들이 베풀어준 축하연회를 잊지 않고 생각하고 있단다.

그날 너희들이 친필로 써서 낭송하여 준 할머니

생신축하 사연을 듣고 마음이 울적하여 지더구나.

유모차 태우고 골목길을 다니던 때가 어제 같은데 어느새 커서 학교를 다니고, 한글을 배워 할머니에게 축하의 글까지 보내줄 줄 아니 참 마음이 흡족하구나

아무쪼록 너희를 키워준 아버님, 어머님을 생각하고 우리 가족을 위하여 훌륭할 사람이 되어주기 바란다.

동진아!

지금도 잊지 않고 있겠지?

홍익인간弘益人間
우리집 좌우명座右銘이란다.

훌륭한 사람이 되어서 모든 사람들에게
좋은 일 많이 하기 바란다.

너희가 선물한 부채를 잘 쓰고 있단다.
부채를 부치니 시원하고 예쁘고나
고맙구나, 건강하게 방학 잘 보내거라.

2016. 8. 2.

친 할아버지, 할머니가

동진이, 현주, 동호에게

너와 나의 사랑

동이 트는 찬란한 그림 그리고
메밀꽃 만개한 수십리 길
낭만을 즐기던
너와 나의 사랑

험한 비바람
인간사人間事가 우리 마음꽃 망우리를
시들게 하였지요

서산西山에 노을 그림 그리며
하늘 땅 같이 많은 사연들
나를 속인 삶 야속하지만
그래도 기다리는 마음

겨울이 가고 봄이 오면
들꽃 피는 언덕 너와 나
환희歡喜의 창가 부르잔다

혼자 왔다 혼자 가는 삶
인생人生은 나그네
너와 나 사랑하며
한 세상 살자구려

생존경쟁生存競爭

이 마을
저 마을에서
수탉의 울음소리
거대한
태양이 떠오른다
하늘 아래
동動 식물食物
하품하며
잠자리에서
기지게 친다

하루가 시작되는
생존경쟁生存競爭
먹느냐
먹히느냐
위에 군림君臨 하느냐
낙하落下하느냐
처절한 싸움
이 세상
삶(生)을 다 할 때
조용해 지려나

세월歲月아 가지를 말아라

KTX 철길 수백리
고향산천 찾아
달려간다

끝없이 펼쳐있는
유채꽃 들판
별 나비 사랑하며 춤을 춘다

먼 산山 위에
뭉게구름
한없이 흘러가고

올망 졸망
초가집들
아이들 소꿉장난이구나

타향他鄕살이
반 평생
한 많은 세월
순간의 삶, 주마등 같이 지나가네

세월歲月아 가지를 말아라
내고향 뒷산에는 달도 뜨고 별도 뜨는데
카나리아 곱게 핀 호숫가에 앉아
재미있는 이야기 하자구나

인생무상人生無常

겨울이 가기를 봄이 기다릴 때
얼음 녹아 시냇물이 흐른다
삼돌이와 꽃순이 눈이 맞았네

해가 뜨는 청춘靑春
사랑을 한다
서로가 떨어지기 싫어 손을 꼭 잡는다

웨딩마치(Wedding march) 끝나
앞날을 설계하고
인간여행 시작되었다

드디어 아들 딸 태어나고
자식 키우느라 얼굴 주름 생기고
꿈은 사라져 청춘이 다 갔구나

삶에 지쳐 앞만 보고
다람쥐 쳇바퀴 돌듯 돌다 흘러간 한평생
주마등走馬燈 같은 인생人生 파노라마

소쩍새 슬피우는 사연 안고 고희古稀를 맞아
꿈같이 지나간 한평생
삼돌이 꽃순이 각방 쓰며 사랑을 한다

※ 파노라마(Panorama)
① 전경(全景)
② 연속적으로 바뀌어 나타나는 일련(一連)의 풍경

독거獨居 노인의 하루

첫 닭이 울 때 낡은 손수레 끌고
판잣집 거적문을 나서는 독거노인

어데를 가야 하나
고물, 휴지조각, 많은 곳 찾아
부지런히 다닌다

주머니 속에서 들려오는
트랜지스터(Transistor) 소리
애절하게 울려 퍼진다.

반나절 빈 박스 몇 개 주었다
주먹밥 하나 점심을 때우고
쓰레기더미 뒤지며 골목길을 돌아간다

오늘 수입 이만원
'다모토리' 주막에서 소주 한 잔 걸치고
홍도야 우지마라, 비나리는 고모령
구슬픈 노랫가락 흥얼거리며
서산에 시는 해와 작별을 하고
판잣집 보금자리 찾아 가누나

※ 다모토리
소주를 큰잔으로 마시는 일(주막)

인생人生의 허무虛無

하늘이 캄캄해진다
느닷없이 대문이 삐꺽 열리고
연이어
앞 마당에
온갖 쓰레기를 안고
휘오리 바람이
요동을 친다

우리 인간人間 한평생
다람쥐 쳇바퀴 돌듯 돌다가
휘오리 바람 같이
지는 인생사人生事
저 하늘에
유유히 흘러가는
뜬 구름은 알려나

인간人間과 까치

파릇 파릇한 새싹들
아파트 가든에 한참 돋아난다
사각으로 둘러 서 있는 건물 사이
말끔히 자태를 뽐내며
쭉죽 뻗은 수삼나무들

주민들의 민원에
나무그늘을 없애기 위한
나무치기가 한참이다

크레인 위에서 기계톱을 든
관리요원들의 모타소리

키 큰 나무들의 줄기가
탁탁 잘려 나간다

오랜시간 힘들여 지어
알을 품고 있는 까치집도
무참히 잘려져 떨어졌다

놀란 까치들 깍깍 짖으며
인간에게 도전하지만 속수무책
나무치기 정리가 끝나고
바닥을 깨끗이 치워졌지만

기막힌 까치 한 쌍
깍깍 울부짖으며 곡예曲藝를 한다

며칠이 지난날까지
나무 아래로 지나는 주민들 머리 위로
날아다니며 깍깍 지저댄다

매정하게 없애버린 까치집

오랜 기간 주위를 맴돌다
어느 날부터는 슬피 우짖던 까치소리는
사라져 버렸다

까치는 인간을 원망하며
어딘가 또 집을 짓겠지…

Ⅲ. 첫 사랑

첫 사랑

001 노란색 버스에서 만나
사랑을 하였지
앵두가 빨갛게 익을 때
실개천 논뚝가에서 사랑을 나누며
미래를 그렸잖아

어이해서 보이지 않는 거야
오늘도 001 노란색 버스를
기다리는데
정류장에는 그대 얼굴이
보이지 않네

그리움에 지쳐
미워만 지는구나
사랑을 할 시간도 없는데
어떻게 미워할까
미워할 수 있을까

눈보라 치는 겨울 뒤에
숨어 있는 봄이 찾아 왔는데
그대 모습을 찾을 수 있을까
오늘도 앵두알 두 개를 놓고
성냥개비 하나로 001을 그렸는데…

사랑 찾아 가련다

청춘은 사랑의 봄
희망의 별
라일락 꽃 품에 안고
머플러(Muffler)
휘날리며
님 찾아 가련다

하늘은 푸르구나
종다리 우짖는다
버들강아지 싹트는
맑은 실개천
한 쌍의 들오리
물놀이 하네

푸르른 보리밭
구부러진 길
넘어 넘어 산 넘어
그 님을 찾아
두군 두군 가슴 안고
사랑 찾아 가련다

님 찾아 가련다

바다
건너
오동도
님
찾아 가는데
건너갈
바다 배
오지를 않네

갈매기
훨 훨
날며
빨리 오라는데
성급한
내 마음
설레기만
하누나

한 잔 술에 생각한다

한 잔 술에
지나간 세월을 읽는다

낙엽 밟으며
그님 생각하던 그 시절

통기타 퉁기며
가을 노래 불렀지

파란 하늘 우러러 보고
오곡이 무르익은
황금들판 바라보며
멀리 멀리 가고 싶은 마음

훨 훨 날아가는
철새같이
날아가고 싶어라

황혼黃昏의 바다

오륙도
앞 바다
유람선
따라

갈매기
훨 훨
뒤 따라
날으고

지평선
멀리
떠가는
고깃배

황혼黃昏을
지우며
멀어져
간다

어서 와유 내사랑

달 동네
꽃순이
가마 타고
시집 가네

곱상스러운 떡보따리
가마꾼에 던져주고
징검다리 건널 때
힘 잘 쓰라고

삼돌이
둥실 둥실
어서 와유
내 사랑

겨울 나그네

겨울 나그네 재두루미
벌써 찾아 왔구나
추위를 알리는 재두루미
철원 평야 위를 날고 있다

시월하순 우리나라를 찾아
삼월하순 떠난다
겨울 진객珍客
천연기념물 제203호

고귀한 길조吉鳥
살기 좋은 곳 찾아가 살다가
금수강산錦繡江山으로
다시 찾아 오려무나

미로迷路를 간다

바람에 밀려 구름가듯
흘러가는 세월
오늘도 간다
내일이 오겠지

추계秋季의 품에
초라한 들꽃
미풍에 하늘 하늘
삼바춤 추네

훈풍에 구름 가듯
흘러가는 세월
황혼黃昏의 품에 안긴 갈대
하늘 하늘 파도치네

기러기떼 날아가는
황금빛 들판
구비 구비 삼백리
미로를 간다

Ⅳ. 경사慶事

우리집 경사慶事났네

얼씨구 절씨구
어깨춤이 절로 나네
막둥이
대학 가고
애비(父)는
고희古稀로구나
에헤야 데야 에헤야 데야

얼씨구 절씨구
너털웃음 절로 나네
첫째 아들
장가 가고
애미(母)는
계癸돈 탓구나
에헤야 데야 에헤야 데야

막걸리 한 잔
꿀꺽 꿀꺽
인생사리 만사형통萬事亨通이로다
살판 났구나
횃불 밝혀라
얼씨구 좋다
에헤야 데야 에헤야 데야

섬마을 교동도

섬 마을에 겨울 바람이 불어왔다
해안도로 갈대 밭은
미친 듯이 바람에 맞춰 춤을 춘다
고깃배들은 포구에 닻을 내리고
잠시 출어를 멈췄다

햇살이 부서뜨리는
은빛 파도는 아름답다
인기척에 화들짝 놀라
날아가는 새들이 더 아름답구나

강화도 창후리 선착장에서
배로 십오분이면 닿는 섬 교동도
온갖 악행과 패륜을 다한 “연산군”
서른한 살에 중종반정으로 쫓겨나
이곳 교동도에 유배당했다가 잠든
연산군의 잠저지潛邸地이기도 하다

멀리 보이는 갈매기떼 석양에 어우러져
한 폭의 그림을 그리며 날아가고
목탁선 고깃배 모타소리가
파도소리와 함께 멀어지면서
섬 마을의 하루가 가는구나

정월 대보름

친구야!
동산에 달맞이 가자
둥근 보름달
웃으며 떠 오르네

통기타 팅기며
즐거운 인사
해 맑은 달의 얼굴
내 마음 주고파

사랑하는 님아
저 달을 닮아다오
풀잎에 귀뚜라미 소리
잔잔히 들리고

그윽한 솔잎 향기
밤 가는 줄 모르네
멀리 앞산 들녘
쥐불 피우는 동심들

한 해 풍요와 만복 주소서
달님에게 기원하고 또 비니이다

낙엽지는 가을 밤

우수수 낙엽이
떨어지는
가을 밤

보름달
밝게 비추는 언덕
알 밤을 줍는다

갈잎 속삭이는
깊은 숲속에
귀뚜라미 울음소리 구슬프구나

흐르는 시냇물에 떨어진 낙엽
서글픈 미소지며 하는 이야기
비바람 치던 여름이 미웠더라고

누나와
같이 걷던
가랑잎 덮인 오솔길

내 고향

청산靑山에도

울긋불긋 단풍꽃이 피었겠지

방황彷徨하는 나그네

청산靑山으로 갈까
강변으로 갈까
방황彷徨의 길
이정표 없는
구부러진 길
가는 곳이
어데인가
알 수가 없네

가을바람 스쳐가며
가랑잎 날리고
귀뚜라미 우는 소리
서글프구나

서러웠던 한평생
고난의 세월
어데로 가야 하나
명월明月아 말해다오

황포黃布 돛배

적막한 임진강
물결을 저으며
유유히 떠가는 황포 돛배

들릴 듯 말 듯 스쳐가는
6·25의 전쟁포화戰爭砲火 소리

아는지 모르는지
고요를 뚫고 들려오는
물총새의 울음소리
메아리쳐 들려온다

배고픔과 고난苦難의
처절凄切했던 시절
다 잊어 버리고
희비喜悲가 엇갈린
전후戰後 세대

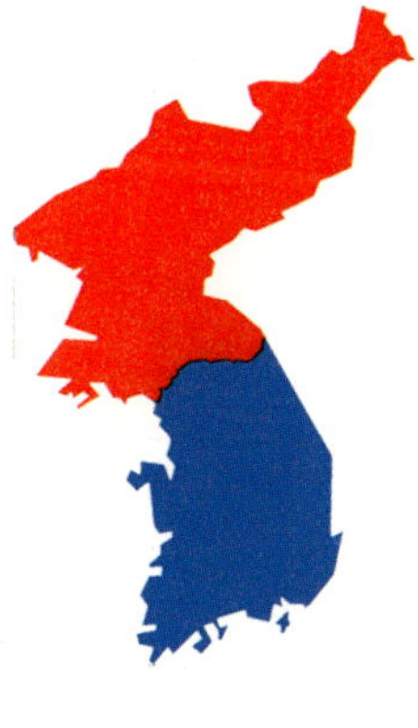

낭만浪漫을 싫고
희희낙락
유유히 떠가는
황포 돛배

장회장 등극登極의 축가祝歌

얼씨구 절씨구
정유丁酉년 새해에 별이 떳구나
꽃보다 아름다운 도시
고양시 능곡시장에
궁중김 점포 장사장
기세등등 깃발을 들었다

장수식당 주인이기도 한 장사랑(Love)
능곡시장 번영회 회장에 등극
모든 회원에게 사랑을 나눈다

가화만사성家和萬事成의 정신으로
화목한 가정을 이루고
자상하고 베풀 줄 아는 온화한 성격
미남美男의 상인 화합의 명수
능곡시장 모든 상인의 거장巨匠

정유년 정월 초엿새
강열한 태양이 눈부시게 비추고
지도공원 까치떼가 축가를 부른다

품바 달인 '돌쇠' 흥에 겨워 풍악을 울리며
대망의 정유년 희망찬 새해
능곡시장 상인 모두에게
건강과 화합의 장 이루기를
기원한다

달(月)이 자꾸 따라오네

논뚜랑에 훌적자란
억새풀
솔 바람에 흔들리며
사각 사각 속삭이네

서산에 지는
태양의 그림자 '노을'
오색물감을 뿌린 듯
곱게 물들고

실개천 물 품 사이에서
들려오는
귀뚜라미 소리
사랑 찾아 연가戀歌 부른다

저고개 성황당城隍堂을 넘어야
가양이네 집인데
저 하늘에 떠 있는 반달이
자꾸 따라오며 발걸음을 재촉하네

음수사원陰水思源

우리 땅 허리를 가로지르며
굽이 굽이 흐르는 한강의 발원
태백 검룡소劍龍沼

시원始源의 못에서 흘러내린 물은
정선, 영월, 단양, 충주, 양평
서울, 김포를 지난 너른 바다로도 흐른다

땅 깊은 곳에서 샘솟아
이천삼백리를 적시면서
서해로 흘러간다

한 움큼의 물도 적다하여
버리지 않고 다 받아 들이며
큰 물을 이룬다

서른여덟 고을 땅을 굽이쳐 흐를 때
이름을 몇 차례 바꾼다
영월에선 동강이 되고 제천에선 청풍호가 된다

남한강이란 이름으로
단양을 지나 여주땅을 휘돌다가
두물머리에 이르러

금강산에 내린 북한강과 몸을 섞어
비로소 한강이란 이름을 얻는다
514km에 이르는 대장정을 이루며
서해로 흘러간다

※ 음수사원(陰水思源)
물 내릴 때 그 근원을 생각한다

울고 웃으며 인생人生은 흘러간다

개구리 입이 떨어진다는
입춘立春이란다
버들강아지 꽃봉우리가
제법 통통해진 것이 봄을 재촉하는 구나

겨울의 끝자락 싸늘한 날씨
어려운 살림에
보릿고개 넘기기가
힘이 든 삶

오일장은 희망의 장날이다
젖먹이 어린아이 등에 업고
단칸방에서 정성껏 키운
콩나물 시루 머리에 이고

남편은 손수레에 장작꾸러미 싣고
첫 닭 우는 시골길
실개천 물소리 따라
분주하게 걸어간다

힘들게 걸어온 십리길
등에 땀이 촉촉하다
동이 트면서 산천山川이 훤히
밝아온다

뒤에 따라가던 남편, 처음 입을 연다
언내 어머이… 좀 쉬어가세!
애가 보채는 것 보니
배가 많이 고픈가 보네
얼른 가서 자리 봐야지유
빨리 가유 아버이…

진인사대천명盡人事待天命이라 했다
열심히 최선 다한 덕에
하나님 도우사
콩나물시루를 자리에 놓자마자
해장국 주인장이
일찍 왔구만
우리 식당에 주구가유

남편이 수레에 끌고 온 장작長斫
우리 집으로 실어다 주시유
어느 부잣집 마나님의 구수한 목소리!

아침 이슬 마르기도 전에
뚝딱 다 팔아버리고
해 맑은 미소로 귀가하는 길

애 어머이! 달순이 젖도 주고
우리도 목좀 추김시다이

양지 바른 논뚝에는
냉이, 쑥이 녹지 않은 눈 속을 헤치고
얼굴을 내민다

해장국 한 그릇 막걸리 한 사발
나누어 배를 채우고
서낭당 고개를 넘어간다
오늘도 하루

울고 웃으며 인생人生은
흘러간다

V. 추경 秋景

가을 바람

산천山川에 불어오는
가을 바람
춤추는 코스모스 군낙群落

한들 한들 흔들며
오솔길을
지우네

보이지 않는 강바람
깃 세운 옷자락
하모니카 불면서 낭만을 그리네

평화롭게
노니는
고추잠자리

넘실 넘실 춤추는
강물을 따라 어데로 가는지
멀어져 가네

가을 풍경

바삭 바삭 낙엽 밟는 소리
힘없이 떨어지는 플라타너스 잎에
님의 안부 그려서
흐르는 실개천에 띄웠더니
영혼의 안부 싣고 달랑 달랑 떠 내려간다

단풍내음 그윽한 오솔길 걸으며
뭉게구름 걷어내고
청자빛 하늘을 본다

알밤이 익어 가랑잎 위에 떨어진다
먹이를 입에 가득 물고
꼬리 세워 춤추는 청설모

끝이 안보이는 황금들판
농기구 모타소리
농부들이 분주하다

막걸리 안주 싣고 달려가는 이륜차二輪車
아낙의 펄럭이는 오색 머플러(Muffler)
풍요로운 농촌풍경
좋은 그림 그리네

가을 끝자락

겨울 나그네 재두루미가
철원 평야 위를 날으고 있다
겨울 진객珍客이 찾아와
가을의 끝자락을 알리는 구나

부슬 부슬 내리는 비에
황금빛 단풍잎이 힘없이 떨어진다

훤히 뚫린 농로農路 위로
볏단을 가득 실은 달구지
어미소 따라
망아지가 따라간다

초가집 토담 위에
얼기 설기 엉켜있는 넝쿨
주렁 주렁 달려있는 누런 호박
농촌 가을의 풍요豐饒를 알려주네

고향 산천 가리요

가리요 가리요
내 고향 가리요
고불 고불
밀밭길
바람과 함께
가리요

하늘이 채색한
붉은 단풍
다람쥐 한 마리
분주하게 뛰논다
해는
서산으로 기울고

개명산
깊은 골에
소쩍새 우는 소리
서낭당
고개 넘어
내 고향 산천이라네

밤나무 꽃향기

청산靑山에 만개한
밤나무 꽃 향기
그 님의 그윽한 향미제香味劑
향에 취해 그리워
백마는 달려간다
긴머리 나풀 나풀
백마는 달린다

들꽃 만개한 광야廣野
바람도 가고 구름도 간다
가물가물 끝없는 남향길
아지랑이 아롱아롱
백마는 달려간다
빨간 마후라 펄럭이며
백마는 달린다

플라타너스 그늘을 지나
갈대 춤추는 강변
백마가 간다
찬란한 오색무지개 속으로
사랑 찾아 님을 찾아
백마는 달린다

낭만浪漫을 그린다

강변江邊
수십리
갈대숲
지나
먼
강江 아래
고깃배
가물 가물

아련히
들려오는
이름 모를
물새소리
떠가는
구름따라
낭만浪漫을
그린다

무명도無名島

빨간 동백꽃
다소곳 피여있네

동녘에 태양
찬란한 불빛
잔잔하 파도 위에 비춘다

새벽 바다
갈매기
까악 까악 먹이 찾아 나르고

화향花香 천리
인정仁情 만리라
바다 내음, 꽃 내음이 좋다지만
님의 향기 만은 못하네요

멀리 지평선
고깃배 고동소리 은은히 들려오는데
님은 언제 오시려나

황포 돛배 몸을 싣고 떠나는 여인

강촌에 곱게 핀 유채꽃 들판을
나비같이 춤추며 날아가는 여인

강변에 버드나무 그늘을 지나
물새소리 절규를 벤조하면서

황포 돛배 몸을 싣고 떠나가는 여인

바람에 밀려가는 조각구름이
벗 삼아 가자고 손짓한다

고난의 인간사人間事 잊어 저리고
불어오는 강바람에 넘실거리며

두둥실 떠가는 낭만의 여인

여생餘生

서산에 뭉게구름
소리없이
흘러가고
황금빛 들판
외롭게 서있는 허수아비
찡그린
쓴 웃음에
참새떼 날아간다

어데선가 들려오는
산 비둘기
울음소리
구구절절 슬픈 사연
꿈같이 흘러간 한평생
남은 여생 가야할 길은
들꽃 피고 별도 뜨는
구부러진 길 가리라

갈잎의 행로

눈 녹아
흐르는 실개천
갈잎 떨어져
떠내려 간다

둥실 둥실
어깨 춤추며
어데론가
떠내려 간다

어데로 갈까
강으로 갈까
바다로 갈까
갈 곳이 어데냐

행복한 까치 가족

수삼나무 울창한 우리 아파트 '가든'
아빠, 엄마 까치와
어린 까치 세 마리
다섯식구 까치 가족이 산다

햇님이 얼굴을 보이기 시작한다
열심히 먹이를 물어 나른다
아빠, 엄마 까치

오빠 까치가 말한다
아빠, 엄마는 배 안고파?
우리만 배불리 먹으면 어떻게 해
아빠, 엄마도 먹어야지?

응 걱정하지 말고
너희나 배불리 많이 먹고 빨리 커야지
엄마 까치가 먹이를 찾아
어디론가 날아간다

그동안 어린 까치들은
날개를 펴고 나는 연습도 하고
공부도 열심히 한다
부모님 까치에게 보답하려고

창문 밖에 푸르른 나무 숲
평화로운 까치 가족의
생활 모습을 관찰하던 동진이
어! 우리집과 똑같네
식구도 다섯 식구
오순도순 평화로운 노랫소리
깍 깍 깍…

현주, 동호야!
우리도 건강하게 빨리 커서
공부 잘하고 훌륭한 사람이 되어서
부모님께 보답하자

현주가 말한다
그래야지
오빠 말대로 부모님 말씀 잘 듣고
공부 잘 하자 동호야!

응 그럴게 누나
하 하 하…

Ⅵ. 풍경風景

바닷가의 풍경風景

따스한
봄볕에 밀려
겨울 나그네
철새떼는
제철 찾아
날아 가고

허전한
갯벌
쌀쌀한
눈, 바람
철렁 철렁
파도소리만 요란한데

동백꽃
망우리는
거센 해풍海風 맞으며
희망차게
개화開花하는 구나

바람에 밀려 구름 가듯

구부러진 들판 길
삿갓 쓴 나그네
바람에 밀려 구름 가듯
유유히 흘러간다

적막한 산천山川
뻐꾸기 울음소리
실개천에
떠 가는 가랑잎 따라

유유히 떠 가는
외로운 나그네
저 하늘에 구름아
안녕安寧을 빌어다오

눈꽃 송이

목화木花 송이 같은
눈
소리 없이 내린다

계수나무 가지에 눈꽃 핀
언덕길
들짐승 발자국 따라 걸어보네

이름 모를
들새 한 마리 나를 때 마다
흐트러지는 눈꽃 송이

앞산 계곡에서
들려오는 산비둘기 울음소리
적막을 깨우고

하염없이 내리는 눈
실개천 징검다리에도
소복소복 눈꽃 피우네

빈손으로 가는 인생人生

바람에 구름 가듯
세월이 지나가며
월역月歷을 넘긴다

황금빛 단풍 들듯 인생人生도 늙어가고
실개천에 낙화한 낙엽
둥실 둥실 흘러가네

다람쥐 쳇바퀴 돌리듯 돌다가
빈손으로 가는 인생人生
오늘도 세월 따라 흘러가누나

유명산의 억새풀밭

유명산 정상 아래
펼쳐지는 억새풀밭
남한강 물줄기 장관이구나

억새는 가을 계명산의 랜드마크(Land mark)
바람에 몸을 맡겨 흔들리는 아릿다움
아직 수줍음을 떨구지 못한 처녀 모습

억새초원 이룬 유명산의 꽃들
물매화풀, 자주쓴풀, 자주꽃망이
어느 것 하나 예사롭지 않구나

으악 으악 소리내며 춤추는 억새풀
들새들이 이리저리 떼지어 나르고
강 건너 오색무지개 그림이구나

※ 랜드마크(Land mark)
경계표, 육상지표(地票)

우리 님 어디에서 무엇 하는지

복사꽃 필 때
오신다던 님

청자빛 창공에
나는 철새야

우리 님 어디에서
무엇 하는지

푸르른 하늘에서
소식을 전해다오

유유히 흘러가는
강물 천리길

아무리 찾아봐도
보이지 않네

찬란한 태양
대지를 비추듯

그리운 내 님아
내 마음 달래 주소

님아 달구경 가자

님아
너랑 나랑
구름타고 달구경 가잔다
달나라 가면
햇님도 가까이서 보고
옥토끼와 노래도
부를 수 있단다

님아
청산靑山 아래 무지개 타고
달나라 구경 가잔다
별들도 많이 뜨고
햇님이 서산으로 기울면
찬란한 노을도
가까이서 볼 수 있단다

님아
청자빛 하늘을 나는
기러기 따라
달나라 구경 가잔다
꿈속에서 보는 산천山川
거짓없는 세상
낙원樂園이란다

그리움

그렇게도 무덥던
여름도 물러가고
매미떼 절규도
숨어버린 가을

플라타너스 넓은 가랑잎
한 잎 두 잎 떨어지는구나

산수유山茱萸 열매 따러
같이 가자던 그님
벌써 두 해가 지나가고

같이 오르던
청산靑山에
울긋불긋 단풍이 드는데

내 마음 도닥거려 주던
그 님
언제 오시려나

기다려지는 마음 지쳐
저 하늘에
흘러가는 뜬 구름 따라
님 찾아
가고 싶어라

소쩍새는 슬피 우는데

그리운 사람아
꿈 속에서
보이지 말고
해(太陽) 지면
보름달 뜨듯이
나타나 주렴

소쩍새는
슬피 우는데
우수수
낙엽마저 지는구나
옷깃을 조이게 하는
서늘한 바람이 추계秋季로구나

가을은 겨울을 기다리고
봄은 겨울이 가기를 재촉한다
청산靑山에 구름가듯
무심한 세월은
자꾸 가는데
봄꽃이 필 때면 오시려나

사랑 사랑 내 사랑

사랑
사랑
내사랑
강江 건너 내사랑
소나기
오기 전에
돛배 타고
어서 와요

사랑
사랑
내사랑
청산靑山에 내사랑
모진 바람
불기 전에
꽃구름 타고
어서 와요

덕수궁 돌담길

어느날 지인知人을 만나
덕수궁 돌담길을 걸어 보았다
구부러진 돌담 길가로
파라솔 상인들이 줄지어
"페어샵" 시장을 열고 있다

사회적 경제주체, 소설 벤처가 주체하는
상, 전시거래 장터가 이채롭다
장애인 단체, 다문화 단체에서
지원받아 전시판매하는
상품이 다양하다

돌담길을 지나 정동 삼거리
정동교회, 정동극장을 지나
덕수궁 중명전重明殿 골목길에
남도식당, 구수한 추어탕 한 그릇에
소주 한 잔 마시며
100년 전 그 세월을 그려본다

※ 중명전(重明殿)
1905년 을사늑약을 체결한 비운의 현장인 동시에 1907년 헤이그만국평화회의에 고종이 특사를 파견한 곳

소쩍새 우는 사연

심산유곡深山幽谷
뻐꾸기 울음소리
님 찾아
사랑 찾아
애달프게
울지만

노을진
서산西山 아래
슬피 우는
소쩍새
무슨 사연辭緣 있는지
눈물 겨워라

심산유곡深山幽谷에 산다

토土담
흙내음 향긋한
오막살이 방 한 칸
"너와"집

한겨울 긴긴 밤
초롱불 밝히고
산山 짐승 우는 소리
고요를 흔든다

뒤뜰에 심어진
앵두나무 가지에
밤사이 소리없이 내린
폭설暴雪로 눈꽃이 피었구나

산山밥(食) 수십 년
오늘도 시래기 된장국
산비둘기 한 마리 틈 마루에 날아왔구나
곡식 한 줌 뿌려주니 즐겨 쪼아 먹는다

안골, 산사山寺에서 들려오는
목탁소리 적막을 깨우고
목화木花 같은 눈송이들이
소리없이 쌓이기만 하는구나

희망希望에 속고사는 인생人生

한 치 앞도 알 수 없는
인생사人生事
그래도 잘 되려니
희망希望을 걸고
기다림 속에
세월은 흘러간다

팔십노인
다리 골절骨折 부상으로
인공 지팡이 의지하고
세 발로 거동한다
옆에 같이 걷던 노숙인老宿人
다리를 절룩이며 말한다

노인장! 그 지팡이 어데서 구했우
고액으로 구입한 것이라우
어르신은 희망이 무엇이요
나는 지팡이 없이
다닐 수 있기를
간절히 희망한다우

나는 돈벼락이 쏟아져
노숙인 신세 면하기를
희망하지요
희망希望에 속고 사는 인생人生
오늘도 "로또" 복권 한 장에
희망을 건다

괘종시계掛鐘時計

댕 댕 댕…
오늘도 어김없이 정오를 알리는
벽시계
어렵고 힘든 일들 손놓고
환희歡喜의 미소 짓는다
배고픔을 만끽滿喫
가질 수 있는 여유餘裕
휴식 시간이다

댕 댕 댕…
정오를 알려주는 벽시계
오늘은 시계추가 움직이질 않네
태엽이 다 풀렸구나
열심히 태엽을 갈아주고
시계추를 밀어 주었다
힘차게 초침이 돌아간다
오늘도 내일도 종을 울려다오

수십 년 동안 추를 밀어 주어
환희의 정오를 알려준 벽시계
이 몸 서산으로 지게 되면
누구가
이 벽시계의 추를
밀어줄까?
흘러가는 세월 따라
오늘도 정오를 알려주는 벽시계
댕 댕 댕…
영원하여라

제야除夜의 종鍾소리

매년 말일 자정
서울 종로의 보신각普信閣에서
서른세 번 제야除夜의 종을 울린다

조선시대 한양
하루 시작과 끝을 종소리와 함께 시작했다
매일 오경五更에 서른세 번의 종을 쳐서
파루罷漏를 알렸고
밤 열시에 인정人定이라 하여
스물여덟 번의 종을 쳐서 문을 닫는다

불교에서는 삼삼천天이라 하여
하늘을 서른세 개로 나누었다
모든 하늘에 오늘 하루도
나라의 태평과 백성의 평안을 기원하는 의미다

보신각 타종행사는 1953년부터 시작되었다
보신각이란 이름은 고종 32년(1895)에
고종황제가 직접 하사한 것
이전까지는 종각鐘閣이라 불렸다

매년 말 자정이 되면 제야除夜의
종소리를 들으며 많은 사람들이
새해 소망이 꼭 이루어지길 기원한다

※ 제야(除夜) : "어둠을 제거한다는 뜻"으로 지난간 해를 보내고 새로운 해를 맞이하는 의미
파루(罷漏) : 조선시대 주로 한양에서 사람들이 다닐 수 있는 시간을 알리기 위해 서른세 번 종을 치던 것

정심정도正心正道

물은 아래로 흐르고
지구는 해를 돌며
달은 지구를 도나니

해는 동東에서 뜨고
서西 쪽으로 진다

해가 서산으로 지면
노을이 지고
만물은
고요의 밤
꿈나라로 간다

천기天氣를 그르치면
재앙災殃이 따르는 법
정심正心
정도正道를 그르치면
후회後悔가 따르니라

레인가든(Rain Garden)

아스팔트 위에
가을비가 내린다
도로가에 자리 잡은 레인가든
채송화 봉숭화가 피어 있다
건너편 심어진 코스모스
봉숭화야! 너는 땅이 좁아서
비가 내려야 목을 축여

키가 껑충한 코스모스
삼색 꽃잎을 휘날리며 말한다
지나가는 사람들이 야! 이쁘다고
우리 꽃을 툭 꺾어 간단다
너희들은 키가 작아서 좋겠다
채송화가 말한다
그러며는 키를 키우지 말고
꽃을 피우지 말어

허참! 사람들이 쓸모없다고

뽑아 버리는데…

※ 레인가든(Rain Garden)

빗물을 최대한 땅에 가두고 스며들게 하여 효율적으로 빗물 관리를 하고 도시경관을 개선하기 위한 특수정원임

Ⅶ. 망향望鄕

망향望鄕 나그네

푸르른 창공에
종달이 지지배배
끝없이 푸르른
보리밭 향기

활개치며 나는
장끼 한 쌍
징검다리 물건너
오색무지개

앞산 봉우리
화류병풍花柳屛風이로다
금수강산 삼천리
봇짐을 메고

가웃이 넘어가는
석양의 나그네
망향望鄕에 그리워
시름 지우네

인간 정글(Jungle)을 해쳐간다

고뇌苦惱
질병疾病
속에
비바람을 맞으며
인간人間 정글을
해쳐간다

복잡複雜
혼돈混沌
속에
희망希望 환희歡喜의 꿈을 안고
구름은
흘러간다

타오르는
거대한
태양太陽 아래
황금빛 평야로
힘차게
질주疾走한다

웃음과 서러움으로
얼룩진 세월
인생 파노라마(Panorama)
남은 여생餘生의 여로旅路는
청산靑山의 구름 타고
은하수로 여행가련다

※ 파노라마(Panorama) : 연속적으로 바뀌어 나타나는 일련의 풍경

망향望鄕의 달래강

달래
달래
달래강江
내고향
강물

달래나…
달래강
애절한
사연
청천靑天의 강江

망향望鄕에
그리워
또 한 번
불러 본다
달래강

망향望鄕

광나루 지나 동남東南족 삼백리길 전설어린 달래강 건너 시내 진입로에 들어서면 사과나무로 수놓은 가로수를 볼 수 있다.

봄이면 하얀 사과꽃이 만발하고 가을이면 도로변에 먹음직스러운 빨간 사과가 주렁주렁 열린다.

사과향기 그윽한 꿈의 도시, 계명산 능선이 남산으로 이어져 병풍 속의 고을 살기 좋은 관광의 도시이다.

갱고개 넘어 여수울, 춘삼월이면 개나리꽃 담장 노란 꽃향기가 가득하다.

계명산 계곡의 부모님 묘소에는 매년 피어있는 할미꽃이 금년에도 잊지 않고 다소곳이 피어있구나.

한강 상류이기도 한 목향리 강 다리 아래 올뱅이(고동) 건지던 생각 초등학교 시절 매년 한두 번 다녀오는 단체소풍 때는 강돌 밟으며 즐거웠던 추억

그 시절 여름밤이면 앞개울 물에, 여자 아이들 목욕하는 모습 훔쳐보느라 개울둑을 기어 다니던 생각, 지금은 오염이 되어 농수로도 쓸 수 없는 개울물이 되었다니 그 옛날 맑은 물 흐르던 시절이 그리워지는구나.

앞마당 텃밭에 수세미 넝쿨이 가을이면 구불구불 엉켜 기어오른 줄기에 방망이 보다 큰 수세미를 따서 아버님 해수咳嗽 기침에 다려드리던 생각이 떠오른다.

약도 별로 없던 시절 아버님의 지병持病 치료를 위해 들로 산으로 약초 캐러 다니시느라 바쁘셨던 어머님.

어느 날 지인知人 말을 듣고 해묵은 왕벌 집을 구해 소주를 내어 드시면 기침병이 치료된다 하여 어린 마음에 벌집을 구하러 가기로 결심하고 동네 친구 아이들과 들로 산으로 벌집을 찾아 나섰다. 드디어 말벌집을 찾았다.

동네에서 좀 떨어진 만리재 화장터 아래 계곡에 왕벌이 윙윙하며 날아다니는 땅굴을 발견하였다.

친구 아이들이 무장을 하고 그 때만 해도 비닐도

없고 특별한 자료도 없던 시절 삼베보자기로 얼굴을 싸서 어머님께서 하여 주시는 대로 무장을 하고 출발을 하였다.

땅속에 굴을 만들어 집을 짓는 땅벌은 꿀벌보다 몇 배 크고 한 번 쏘이면 치명적이다.

큰 볏짚 한 단을 굴 입구에 펼쳐 놓고 불을 피웠다. 주위 잡초들이 다 제거되고, 바글거리던 벌들이 거의 불에 타서 소멸되었으나 아이들 몇 명이 벌에 쏘여 퉁퉁 부어 괴로워했다.

벌들이 잠잠하여 삽과 곡갱이로 땅을 파기 시작하였다. 흙 몇 삽을 파내자 굴 안에 남아있던 벌들이 윙윙대며 나른다.

추가로 벌집에 불을 피워 벌을 소멸시키고 드디어 십여 층이 넘게 쌓아 지은 벌집덩이를 밖으로 끌어내었다. 보자기로 싸서 들고 어머님께 드렸더니 반가워하시며, 벌에 쏘인 아이들 얼굴에 오래 묵은 된장을 발라주시며 고생들 많았구나 하고 위로를 하셨다.

해 뜰 무렵 시작한 작업이 정오가 넘어서 끝이 났다.

급히 밀어주신 콩칼국시를 아이들과 식사를 하였다.

그 후 정성들여 달여진 벌집 약소주를 한 달 이상 드시고 아버님 병환이 많이 호전되셨다.

아버님께서 아들의 정성에 기특히 생각하시어 오일장날 시장에서 예쁜 운동화 한 켤레를 사주셨다.

나무 조각에 자전거 타이어 조각으로 끈을 매어 신발로 끌고 다니던 시절, 운동화는 하느님이 선물 주신 것으로 생각되었다.

며칠씩 운동화를 품에 안고 잠자던 생각

학교에서 전교 단체 소풍가던 날 처음 운동화를 신고 아이들에게 자랑하며 즐거워하였지…

소풍을 갈 때면 선생님이랑 어머님, 할머니 온 가족이 손을 잡고 가는 행렬이 끝이 안보이게 줄지어 갔었는데, 지금은 아이들 숫자가 줄어 점심시간이면 운동장에 꽉 차게 뛰놀던 학생 아이들 다 어데 가고

남자선생님은 한 분도 없고, 교장선생님도 여자분이시고, 전부가 여선생님이 몇 명 안 되는 아이들을

데리고 한산하게 운동장을 거닌다.

모교 운동장가에 플라타너스는 고목이 되어 줄기를 잘룩 잘룩 잘라진 보기 흉한 몽탁한 모습이 옛날을 그립게 하는구나.

여름의 끝자락 매미떼 절규가 한참인 유채꽃이 곱게 피어있는 들판을 지나 맑은 물 흐르는 시냇물 징검다리 건너

코스모스 만발한 숲에서 대大 빗자락 휘두르며 왕잠자리 잡으러 뛰놀던 철모르던 시절 주마등 같이 흘러간 세월

지나가는 바람같이 흘러 갔구나.

맺음말

丁酉年 五月 바람과 같이 지난간 恨많은 歲月 人生 서정 시인 등단 기념일을 맞이하여 "花香千里"의 Title로 詩集을 執筆하였다. 走馬燈같이 자나간 수많은 事緣들이 꿈속에서 헤매는 것 같고 어른거린다. 人生은 나그네 苦行길이라 했다. 멀고 먼 험한 길 山을 넘고 들판을 지나 江이 흐르는 樂園을 찾아 허우적거리며 살아왔다. 외롭고 서글플 때는 "백년설"의 Trot 歌謠 "나그네의 설움"을 불러보며, 마음을 달래기도 했다.

타관 땅 / 밟아서 돈 지 / 십 년 넘어 / 반평생 /
사나이 / 가슴속엔 / 한이 서린다.

달래江을 건너 故鄕山川을 찾아 父母任 墓所에 參拜를 했다. 西山으로 지는 太陽이 그려주는 黃昏빛이 참으로 恍惚하고나 깊어가는 人生, 餘生의 希望, 弘益人間의 꿈이 展開될 것을 構想하며 삶의 設計을 始作할 것이다. 歲月은 사람을 기다려주지 않는다. 限定된 時間 人間의 "삶"은 너무나 짧다. 주워진 生命

즐겁고 편안한 마음으로 베풀 줄 아는 人間이 되려 努力한다. 江村나루터에 '플라타너스' 어젯밤 부슬비에 잎이 파래졌구나. 벚꽃 浪漫 흩날리는 봄의 아름다움과 같이 꽃이 피고 蘇生하는 錦繡江山과 벗하며 슬프고 즐거움을 詩로 노래하며 世上을 살아가고자 한다. 詩는 고달픈 삶 속에서 피는 꽃이라 했다. 맑은 故鄕 하늘 계명산 넘어로 흘러가는 뜬구름 어데로 흘러가는지 소리쳐 불러본다. Live cafe에서 커피 한 잔 마시며 지난 한平生을 回想해 보며 나날이 發展하는 이 世上 살기 좋은 세상 後孫들에게 기쁨과 希望이 깃들기를 祈願하며 詩集 한 권을 남기고자 한다.

詩人 雲 情

花香千里

초판 2쇄 인쇄 2019년 6월 3일
초판 2쇄 발행 2019년 6월 17일

저 자 李重光
발행인 孫光春
인쇄처 圖書出版 修書院
발행처 서울특별시 성북구 삼선교로 2길 7-3
TEL. 765-0924~5, FAX. 765-0927
E-mail suseowon@hanmail.net
등 록 1971.12.9. No.2-282
ISBN / 978-89-6798-041-2

〈정가 10,000원〉